SPARGEL

Stangenweise Frühlingsglück

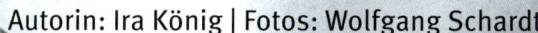

Autorin: Ira König | Fotos: Wolfgang Schardt

INHALT

TIPPS UND EXTRAS

10 SPARGEL FÜR VEGGIES

28 SPARGEL DELUXE MIT FISCH

COVER-
REZEPT

42 SPARGEL FÜR FLEISCHLIEBHABER

PERFEKT GENIESSEN

Die leckersten Rezepte nützen nicht viel, wenn Einkauf, Aufbewahrung und Zubereitung nicht stimmen. Deshalb hier etwas Spargelwissen zu Beginn – los geht's!

WEISS ODER GRÜN?

Das ist reine Geschmackssache! Weißer Spargel ist bei uns der Klassiker. Er hat ein zartes, angenehm blumiges Aroma. Grüner Spargel ist kerniger, er schmeckt nussig und hat mehr Biss. Geschmacklich kann er sich gut durchsetzen und verträgt auch kräftigere Zutaten und Aromen. Grüner Spargel muss nur am unteren Drittel geschält werden und hat dadurch einen Zeitvorteil. Noch weniger Schälarbeit haben Sie bei Thai- oder grünem Wildspargel. Hier reicht es, die Stangen zu waschen

und die Enden zu kürzen. Manchmal sieht man auch violetten Spargel im Angebot. Die Stangen haben Sonnenlicht abbekommen und sind geschmacklich etwas kräftiger. Verarbeiten können Sie violetten Spargel wie den weißen.

WILDSPARGEL

Die Urform des Spargels wird bei Feinschmeckern in den letzten Jahren immer beliebter. Er wächst rund um das Mittelmeer und schmeckt intensiver als Kulturspargel. Die Stangen sind dünn, die Köpfe dick und traubenförmig. Wildspargel muss nicht geschält werden.

AUF DEM MARKT

Bei Spargel kommt es auf die Frische an! Je schneller er vom Feld auf unseren Tellern landet, desto besser schmeckt er. Deshalb Augen auf beim Spargelkauf! Wer die Möglichkeit hat, deckt sich direkt beim Spargelbauern ein. Dort bekommt man den Spargel, der morgens gestochen wurde. Alle anderen aufgepasst: Die Spargelstangen sollten prall und schön fest und knackig sein. Wenn man sie vorsichtig aneinanderreibt, quietschen sie etwas. Spargelköpfe von frischem Spargel sind fest und geschlossen. Die Schnittflächen dürfen keinesfalls trocken und holzig aussehen. Drücken Sie die Stange unten ein wenig, wenn Flüssigkeit austritt: kaufen! Supermarktware steckt oft bündelweise in Manschetten und lässt sich so schlecht auf Frische überprüfen. Deshalb lieber da kaufen, wo man sich die Ware ansehen kann und der Verkäufer bereit ist, Sie den Frischetest machen zu lassen.

RICHTIG LAGERN

Spargel muss frisch sein! Deshalb sollte er nur im Notfall gelagert werden. Am besten schlägt man ihn in ein angefeuchtetes Küchentuch und legt ihn in das Gemüsefach des Kühlschranks. Keine Plastikfolie oder -tüte verwenden. Darin schwitzt das Gemüse und verliert rasch an Frische. Wenn Spargel mehrere Tage auf seinen Einsatz warten muss, sollte er besser eingefroren werden. Und das geht so: Spargel waschen, schälen und die Enden auf gleicher Höhe abschneiden. Stangen gut trocken tupfen und auf einem Tablett vorgefrieren. Dann die Stangen in Gefrierbeutel füllen und ins Gefrierfach geben. Wichtig: Bei der Zubereitung die gefrorenen Stangen nicht auftauen lassen, sondern gleich ins kochende Wasser geben. Die Kochzeit verkürzt sich durchs Einfrieren um 3–4 Minuten.

PERFEKT SCHÄLEN

Hier heißt es großzügig sein! Nichts ist unangenehmer, als sich den Genuss von einer schlecht geschälten, holzigen Spargelstange vermiesen zu lassen. Deshalb: Nehmen Sie einen handelsüblichen Sparschäler, setzen Sie ihn 2 cm unterhalb des Spargelkopfes an und schälen Sie die Stange rundherum in engen Abständen von oben nach unten ab. Dann die Enden großzügig abschneiden. Fertig! Für die ganz Zeitlosen gibt es mittlerweile auch bei den Händlern Schälmaschinen, die den Kauf ratzfatz perfekt schälen.

TURBOSCHNELLE BEILAGE

Wer keine Zeit zum Kochen hat, muss auf eine leckere Beilage nicht verzichten. Zu den weißen Stangen schmeckt milder gekochter Schinken in dünnen Scheiben. Auch Fisch steht dem Edelgemüse gut. Probieren Sie einmal mild geräucherten Lachs, Matjes, Saibling oder Forelle. Zu etwas Besonderem wird das Essen, wenn zu Räucherfisch und Spargel auch noch ein saftig gebratenes Rührei gereicht wird.

WEIN UND SPARGEL

Auf die Zubereitung kommt es an! Je weniger intensiv ein Spargelessen ist, desto dezenter sollte auch der Wein sein, der dazu gereicht wird. Zu vegetarischen Gerichten mit hellen Saucen und zarten Aromen passen leichte Weißweine, die nicht zu trocken sind. Wenn Spargel zu Fleisch oder Fisch gegessen wird und Rostaromen und aromatische Saucen ins Spiel kommen, kann man auch zu einem kräftigeren Weißwein, einem Rosé oder sogar zu einem leichten Rotwein greifen.

SPARGEL AUS TOPF, PFANNE UND OFEN

Die klassische Zubereitung in kochendem Salzwasser ist nicht die einzige Art Spargel zu garen. Hier kommen sechs weitere Methoden, die es sich zu testen lohnt.

KOCHEN IN SALZWASSER

Die traditionelle Garmethode braucht nicht mehr als Wasser und Salz. Manche geben noch ein Stück Butter und 1 Prise Zucker ins Kochwasser. Ein Spargelkochtopf ist praktisch. In ihm werden die Stangen stehend gegart und die zarten Spargelspitzen bekommen so ihre optimale Konsistenz.

BRATEN

Kleinere Mengen Spargel kann man gut in einer großen Pfanne braten. Dazu den geschälten wei-

ßen Spargel schräg in Stücke schneiden oder längs halbieren. Grüner Spargel muss nicht zerteilt werden. Dann Öl oder Butterschmalz in einer Pfanne mit Deckel erhitzen. Den Spargel zugeben und den Deckel auflegen, gelegentlich an der Pfanne rütteln. Wenn der Spargel gar ist, mit Salz und Pfeffer würzen. Im Ganzen gebraten braucht grüner Spargel ca. 8 Min., klein geschnitten 6–7 Min. Weißer Spargel gart etwa 1–2 Min. länger. Wenn man ein wenig Brühe oder Fond zugibt, kann man den Spargel auch dünsten.

IM OFEN

In der Fettpfanne des Backofens lassen sich Spargelstangen ganz bequem garen. Dazu 1,5 kg geschälte Spargelstangen nebeneinander in eine mit Butter ausgestrichene Fettpfanne legen und mit Salz und Pfeffer würzen. 200 ml Gemüsefond oder Gemüsebrühe angießen und die Fettpfanne mit Alufolie verschließen. Spargel im heißen Ofen bei 200 Grad 35–40 Min. garen. Dabei einmal wenden. Grüne Spargelstangen sind, je nach Dicke, schon in 25–30 Min. gar.

DÄMPFEN

Für gesundheitsbewusste Genießer ist das Garen im heißen Wasserdampf perfekt. Der Spargel gart schonend und die Inhaltsstoffe bleiben sehr gut erhalten. Beim Kochen gehen viele Wirkstoffe ins Kochwasser über und damit verloren – beim schonenden Dämpfen wird das geschälte Gemüse in einen Dampfeinsatz gelegt. Geben Sie nur so wenig Wasser in den Topf, dass der Spargel davon nicht berührt wird und würzen Sie mit etwas Salz und Zitronensaft. Dann den Deckel auf den Topf setzen und den Spargel ca. 30 Min. garen.

MARINIEREN

Spargel kann auch roh gegessen werden. Dazu am besten möglichst dicke Stangen sorgfältig schälen. Die Stangen mit einem Sparschäler in hauchdünne Streifen hobeln. Eine Vinaigrette aus Essig und Öl zubereiten und den Spargel damit beträufeln. Mit Frischhaltefolie bedecken und im Kühlschrank mind. 30 Min. marinieren lassen. Dann nach Geschmack mit Tomatenwürfeln, Basilikum, Räucherlachs oder Mozzarella anrichten. Für einen Salat kann man die gehobelten Spargelstreifen auch vorsichtig mit etwas Essig und Salz verkneten und ca. 30 Min. ziehen lassen. Dann mit einer Mischung aus Joghurt, Mayonnaise, abgeriebener Bio-Zitronenschale und frischen Kräutern (z. B. Schnittlauch, Dill oder Petersilie) verfeinern. Lecker zu gegrilltem Fisch und Fleisch.

GRILLEN

Grüner Spargel eignet sich besser als weißer, da er dünner und deshalb schneller fertig ist. Man kann den geschälten Spargel einfach mit auf den Rost legen. Am besten spießt man die Stangen auf Schaschlikspieße, so können sie nicht in die Glut fallen. Die Stangen vorher mit wenig hoch erhitzbarem Öl (z. B. Sonnenblumenöl oder Sojaöl) bestreichen. Wer weißen Spargel grillen möchte, sollte ihn ca. 3 Min. in kochendem Salzwasser vorgaren und erst dann auf den Grillrost legen. Eine bequeme Methode sind Grillschalen aus Aluminium. Hier sollte der Spargel nur mit Öl bestrichen werden, denn Säure, z. B. Zitronensaft oder Essig

und Salz, kann das Aluminium aus der Grillschale lösen und dazu führen, dass es in gesundheitlich bedenklichen Mengen in den Spargel übergeht.

SPARGEL PANIEREN

Wer es gerne knusprig mag, muss bei Spargel nicht auf den Crunch verzichten. Die Stangen, je nach Dicke, 3–4 Min. in Salzwasser vorgaren und gut abtropfen lassen. Dann in Mehl, verquirltem Ei und zum Schluss in Semmelbröseln (am besten selbst gemacht) wälzen. In heißem Butterschmalz in einer beschichteten Pfanne, bei mittlerer Hitze unter Wenden goldbraun braten. Dazu schmeckt perfekt eine Sauce remoulade oder eine leichte Zitronen-Mayonnaise und Baguette. Auch Kartoffelsalat passt gut. Gourmet-Tipp: Die Panade wird besonders fein, wenn man 2 EL gemahlene Mandeln unter die Semmelbrösel mischt.

SAUCE HOLLANDAISE

180 g Butter | 1 Schalotte | je 1 Stängel Estragon und glatte Petersilie | 3 weiße Pfefferkörner |
1 EL Weißweinessig | 8 EL trockener Weißwein | 3 Eigelbe | Salz | 1 TL Zitronensaft
Für 4 Portionen | 25 Min. Zubereitung | Pro Portion ca. 410 kcal, 3 g E, 42 g F, 1 g KH

1 Butter würfeln und in einem Topf aufkochen lassen. So lange köcheln, bis sich auf der Oberfläche Schaum bildet. Schaum mit einer Kelle abnehmen.

2 Schalotte schälen und würfeln. Kräuter waschen, trocken schütteln und abzupfen.

3 Schalotte, Kräuter, Pfeffer, Essig, 3 EL Wasser und Wein aufkochen und auf die Hälfte einkochen lassen. Durch ein feines Sieb in eine Schüssel gießen.

4 Die Eigelbe mit einem Schneebesen unterrühren. Schüssel auf ein heißes Wasserbad setzen und die Masse mit einem Schneebesen dick-cremig aufschlagen.

5 Die Schüssel vom Herd nehmen. Die flüssige Butter zuerst tröpfchenweise, dann in dünnem Strahl mit dem Schneebesen unter die Eimasse schlagen.

6 Die fertige Sauce hollandaise mit Salz und Zitronensaft würzen und sofort servieren.

SPARGELCREMESUPPE

750 g Spargel (z. B. Bruchspargel oder Klasse II) | 4 EL Butter | Salz | Pfeffer | 1 Prise Zucker |
1 EL Mehl | 800 ml Gemüsefond (Glas) | 100 g Sahne | Zitronensaft | 2 Stängel Kerbel | ½ Bund
Schnittlauch

Für 4 Portionen | 40 Min. Zubereitung | Pro Portion ca. 240 kcal, 4 g E, 21 g F, 7 g KH

1 Spargel waschen, schälen, die Enden abschneiden. Spargelspitzen abschneiden und längs halbieren. Übrigen Spargel in kleine Stücke schneiden.

2 Die Spargelstücke in 3 EL Butter andünsten. Mit Salz, Pfeffer und 1 Prise Zucker würzen. Mehl darüberstäuben und unter Rühren kurz mitbraten.

3 Unter Rühren den Gemüsefond zugießen. Aufkochen und ca. 20 Min. bei mittlerer Hitze offen köcheln lassen. Die Sahne steif schlagen.

TIPP
Sehr lecker schmecken auch geröstete Mandelblättchen oder Schwarzbrotbrösel als Suppentopping.

4 Spargelspitzen in 1 EL Butter 1 Min. andünsten. Suppe pürieren und durch ein Sieb passieren. Mit Salz, Pfeffer und Zitronensaft würzen. Sahne unterrühren.

5 Kräuter waschen und trocken tupfen. Kerbelblättchen abzupfen, Schnittlauch in Röllchen schneiden. Suppe mit Spargelspitzen und Kräutern anrichten.

SPARGEL FÜR VEGGIES

Die knackigen Stangen sind perfekt für die fleischlose Küche!
Ob grün, weiß oder im Miniformat – sie sind so vielseitig und lecker, dass
auch Fleischfans bei diesen Rezepten nichts fehlen wird. Probieren Sie
Süßkartoffel-Frittata, Spargel-Erdbeersalat mit Crostini oder Ofenspargel zu
Paprika-Orangen-Sauce. Himmlisch!

SPARGELBRÖTCHEN MIT ZITRONENBUTTER

Ein perfektes Paar! Der saftige Hefeteig unterstreicht das edle Spargelaroma. Ideal als Auftakt für ein Frühlingsmenü oder als raffinierte Beilage zu Salat oder mildem Käse.

Für die Brötchen:
200 g Butter
150 ml Milch
500 g Mehl
1 Pck. Trockenhefe
2 Eier
½ TL Zucker
2 TL Salz
8 Stangen grüner Spargel
Für die Zitronenbutter:
200 g weiche Butter
1 Bio-Zitrone
1 TL grobes Meersalz

Gästefein

Für 16 Brötchen |
40 Min. Zubereitung |
50 Min. + 30 Min. Gehen
Pro Portion ca. 310 kcal,
5 g E, 22 g F, 23 g KH

1 Für die Brötchen die Butter in einem kleinen Topf bei mittlerer Hitze schmelzen lassen. Die Milch angießen. Die Mischung vom Herd nehmen und lauwarm abkühlen lassen.

2 Das Mehl und die Hefe in einer Schüssel sorgfältig vermischen. Die Eier, Zucker, Salz und den Milch-Butter-Mix dazugeben und mit den Knethaken des Handrührgerätes zu einem glatten Teig verkneten. Den Teig zugedeckt an einem warmen Ort ca. 50 Min. gehen lassen.

3 Den Spargel waschen, trocken tupfen und die Enden abschneiden. Das untere Drittel mit dem Sparschäler schälen. Spargel in kochendem Salzwasser ca. 5 Min. garen. Abgießen, abschrecken und abtropfen lassen. Spargelstangen abkühlen lassen und klein würfeln.

4 Den Backofen auf 200° vorheizen. Die Spargelwürfel mit bemehlten Händen unter den Teig kneten. Den Teig in 16 gleich große Stücke teilen und zu länglichen Brötchen formen. Die Brötchen leicht in sich verdrehen, auf zwei mit Backpapier belegte Backbleche setzen und weitere 30 Min. gehen lassen. Brötchen im heißen Ofen (Mitte) in ca. 20 Min. goldgelb backen.

5 Für die Zitronenbutter die Butter mit den Quirlen des Handrührgerätes weißcremig schlagen. Die Zitrone waschen und trocken reiben. Die Zitronenschale fein abreiben und die Frucht halbieren, eine Hälfte auspressen. Zitronenschale und Meersalz unter die Butter rühren und mit 1–2 TL Zitronensaft abschmecken. Mit Folie abdecken und kalt stellen. Fertige Brötchen abkühlen lassen und mit der Butter anrichten.

AVOCADO-ERBSEN-SUPPE MIT WILDSPARGEL

1 Schalotte | 4 EL Butter | 850 ml Gemüsefond (ersatzweise Gemüsebrühe) | 250 g TK-Erbsen | Salz | Pfeffer | 2 Avocados | 2 EL Limettensaft | 2 Eier | 8 Stangen Wildspargel (ersatzweise Thaispargel) | ½ Beet Kresse

Suppenglück

Für 4 Personen | 35 Min. Zubereitung
Pro Portion ca. 395 kcal, 9 g E, 36 g F, 6 g KH

1 Die Schalotte schälen und fein würfeln. 3 EL Butter in einem Topf erhitzen und die Schalottenwürfel darin andünsten. Mit Fond ablöschen. Die Erbsen zugeben und 5 Min. köcheln.

2 Die Suppe pürieren und mit Salz und Pfeffer würzen. Die Avocados längs halbieren und den Stein entfernen. Das Fruchtfleisch aus der Schale lösen, mit Limettensaft beträufeln und mit einer Gabel fein zerdrücken. Das Avocadomus in die Suppe geben und die Suppe erneut fein pürieren. Die Suppe mit Salz und Pfeffer abschmecken und vom Herd nehmen.

3 Die Eier in ca. 10 Min. hart kochen. Abgießen und abschrecken. Spargel waschen, trocken tupfen und die Enden abschneiden. Die übrige Butter in einer Pfanne erhitzen und die Spargelstangen darin ca. 1 Min. andünsten. Mit Salz würzen.

4 Die Eier pellen und grob hacken. Kresse vom Beet schneiden. Die Suppe mit Spargel, gehackten Eiern und Kresse anrichten. Dazu schmeckt knuspriges Baguette.

GEFÜLLTE EIER AUF SPARGELSALAT

4 Eier (L) | 500 g weißer Spargel | 5 EL Gemüse-fond | 2 EL Weißweinessig | 1 EL mittelscharfer Senf | ½ TL Agavendicksaft | Salz | Pfeffer | 5 EL Olivenöl | 2 EL Mayonnaise | je ½ Bund Schnittlauch und Dill | 150 g Wildkräutersalat | ½ Bund Radieschen

Raffiniert kombiniert

Für 4 Personen | 50 Min. Zubereitung
Pro Portion ca. 280 kcal, 10 g E, 24 g F, 5 g KH

1 Die Eier in ca. 10 Min. hart kochen. Abgießen und abschrecken. Den Spargel waschen, trocken tupfen und die Enden abschneiden. Die Spargel-stangen schälen und längs in dünne Streifen ho-beln oder schneiden.

2 Gemüsefond in einem kleinen Topf erwärmen und mit Essig, Senf und Agavendicksaft verrühren. Mit Salz und Pfeffer würzen. 3 EL Öl unterschlagen. Die Spargelstreifen mit der Vinaigrette beträufeln, gut vermengen und beiseitestellen.

3 Die Eier pellen und längs halbieren. Das Eigelb herauslösen und mit Mayonnaise, Salz und Pfeffer glatt verrühren. Die Kräuter waschen und trocken tupfen. Schnittlauch in Röllchen schneiden und mit der Eigelbmischung verrühren. Dillfähnchen ab-zupfen. Den Salat waschen und trocken schleu-dern. Die Radieschen putzen, waschen und in Scheiben hobeln.

4 Spargel, Salat, Radieschen und Dill auf Tellern anrichten. Eigelbmischung in die Fihälften geben und auf den Salat setzen. Den Salat mit übrigem Olivenöl beträufeln.

OFENSPARGEL ZU PAPRIKA-ORANGEN-SAUCE

So geht entspannt kochen! Der Spargel gart im Ofen und man hat Herd und Hände frei für die Zubereitung der aromatischen Orangensauce.

3 rote Paprika
1,5 kg weißer Spargel
Salz
400 ml Gemüsefond
130 g Butter
2 Schalotten
2 Knoblauchzehen
150 ml Orangensaft
75 ml trockener Weißwein
1 Döschen Safran (0,1 g)
5 Zweige Thymian
Cayennepfeffer
1 TL Ahornsirup (ersatzweise Honig)
3 Stängel Basilikum

Gelingt leicht

Für 4 Personen |
80 Min. Zubereitung
Pro Portion ca. 70 kcal,
1 g E, 6 g F, 3 g KH

1 Den Ofen auf 200° vorheizen. Paprikas halbieren, weiße Trennwände und Kerne entfernen. Die Hälften waschen, trocken tupfen und halbieren. Paprikaviertel mit der Haut nach oben auf ein mit Backpapier belegtes Backblech legen und im heißen Ofen (Mitte) ca. 30 Min. backen, bis die Haut schwarze Blasen wirft.

2 Inzwischen den Spargel waschen, trocken tupfen und die Enden abschneiden. Die Spargelstangen schälen. Paprikas aus dem Ofen nehmen und in einen großen Gefrierbeutel geben. Verschließen. Ofen auf 180° herunterschalten. Den Spargel in der Fettpfanne des Backofens verteilen und salzen. 200 ml Fond angießen und den Spargel mit 100 g Butter in Flöckchen belegen. Die Fettpfanne des Backofens mit Alufolie verschließen und den Spargel im heißen Ofen (Mitte) ca. 35–40 Min. garen.

3 Inzwischen Paprikas aus dem Beutel nehmen und häuten. Schalotten und Knoblauch schälen. Schalotten fein würfeln, Knoblauch fein hacken. Restliche Butter in einem Topf erhitzen, Knoblauch und Schalotten darin andünsten. Mit Orangensaft, übrigem Fond und Weißwein ablöschen, Safran und Thymian zugeben und offen ca. 5 Min. köcheln lassen.

4 Thymian entfernen. Paprikas zugeben und grob pürieren. Sauce mit Salz, Cayennepfeffer und Ahornsirup abschmecken. Basilikum waschen, trocken schütteln, Blättchen abzupfen. Spargel mit Paprika-Orangen-Sauce und Basilikum anrichten.

TIPP Klappt auch mit grünem Spargel. Dann verkürzt sich die Garzeit auf 25–30 Min., je nach Dicke der Stangen.

SPARGEL-ERDBEER-SALAT MIT CROSTINI

1 kg weißer Spargel | 5 EL Sonnenblumenöl | Salz | Pfeffer | 5 EL Gemüsebrühe | 3 EL Himbeeressig | 1 TL Honig | 100 g Babyspinat | 250 g Erdbeeren | ½ Bio-Zitrone | 8 Scheiben Baguette | 150 g Schafskäse (Feta)

Knackig und frühlingsfrisch

Für 4 Personen | 45 Min. Zubereitung
Pro Portion ca. 345 kcal, 14 g E, 19 g F, 27 g KH

1 Für den Salat den Spargel waschen, trocken tupfen und die Enden abschneiden. Die Spargelstangen schälen und schräg in gleich lange Stücke schneiden. 2 EL Öl in einer großen Pfanne erhitzen und die Spargelstücke darin in 8–10 Min. bei mittlerer Hitze bissfest braten. Mit Salz und Pfeffer würzen, herausnehmen und beiseitestellen.

2 Die Gemüsebrühe in einem kleinen Topf erwärmen, vom Herd nehmen und gründlich mit Essig und Honig verrühren. Mit Salz und Pfeffer würzen. Mit einem kleinen Schneebesen 3 EL Öl unterschlagen. Die Spargelstücke mit der Hälfte der Vinaigrette übergießen und kurz marinieren lassen.

3 Den Spinat waschen und trocken schleudern. Harte Stiele entfernen. Die Erdbeeren waschen, putzen und halbieren. Die Zitrone heiß abwaschen und abtrocknen. ½ TL Schale fein abreiben. Die Frucht halbieren und auspressen.

4 Für die Crostini Backofen auf 200° vorheizen. Die Baguettescheiben auf ein mit Backpapier ausgelegtes Backblech legen und goldbraun rösten. Den Feta zerbröckeln und mit Zitronenschale und 1 TL Saft verrühren. Mit Salz und Pfeffer würzen.

5 Baguettescheiben etwas abkühlen lassen und mit der Fetacreme bestreichen. Spargel mit Spinat und Erdbeeren anrichten und mit übriger Vinaigrette beträufeln. Dazu die Crostini reichen.

TIPP

Echter Feta wird aus Schafsmilch gemacht, hat einen sehr kräftigen Geschmack und ist nicht jedermanns Sache. Wer es lieber etwas milder mag, verwendet einfach die gleiche Menge Doppelrahmfrischkäse »Natur« oder Mascarpone zum Bestreichen der Crostini.

SPARGEL-RICOTTA-CREME

4 Stangen grüner Spargel | 1 Knoblauchzehe |
1 EL Olivenöl | Salz | Pfeffer | 250 g Ricotta |
100 g Parmesan | Zitronensaft

Lecker zu Antipasti

Für 4 Personen | 30 Min. Zubereitung
Pro Portion ca. 225 kcal, 14 g E, 17 g F, 3 g KH

1 Den Spargel waschen, trocken tupfen und die
Enden abschneiden. Die Stangen im unteren Drittel
schälen und längs halbieren. Den Knoblauch schälen und fein hacken. Das Öl erhitzen, Knoblauch
darin andünsten. Spargelstangen dazugeben,
75 ml Wasser angießen, salzen und pfeffern, Deckel auflegen. Den Spargel in ca. 10 Min. weich garen. In der Pfanne abkühlen lassen.

2 Ricotta glatt rühren. Parmesan fein reiben und
mit dem Ricotta verrühren. Spargelstangen aus der
Pfanne nehmen und sehr fein hacken. Spargel unter die Ricotta-Creme mischen. Eventuell etwas
Spargelfond unterrühren. Creme mit Salz, Pfeffer
und Zitronensaft abschmecken.

SPARGEL-WASABI-DIP

je 200 g weißer und grüner Spargel | Salz |
1 Bund Koriandergrün | ½ Bio-Limette |
5 EL Mayonnaise | 1 TL Wasabipaste (Tube) |
Cayennepfeffer

Exotisch

Für 4 Personen | 30 Min. Zubereitung
Pro Portion ca. 140 kcal, 2 g E, 14 g F, 3 g KH

1 Die Spargelstangen waschen, trocken tupfen
und die Enden abschneiden. Den weißen Spargel
ganz, den grünen im unteren Drittel schälen. Die
Spargelstangen in Stücke schneiden und in wenig
kochendem Salzwasser ca. 8 Min. garen. Abgießen
und abtropfen lassen.

2 Den Spargel pürieren und abkühlen lassen. Koriander waschen, trocken schütteln, Blättchen abzupfen und fein hacken. Von der Limette die Schale
fein abreiben, Frucht auspressen. Mayonnaise,
Wasabipaste und Koriander unterrühren. Mit Salz,
Cayennepfeffer, Limettensaft und -schale würzen.
Bis zum Servieren zugedeckt kalt stellen.

QUINOASALAT MIT GEBRATENEM THAI-SPARGEL

150 g Quinoa | Salz | 600 g Thai-Spargel |
100 g Walnusskerne | 200 g Shiitakepilze |
5 EL Olivenöl | 2 EL Sojasauce | ¼ Ananas |
1 Bund Basilikum | 1 Limette

Veganer Genuss

Für 4 Personen | 45 Min. Zubereitung
Pro Portion ca. 475 kcal, 13 g E, 30 g F, 36 g KH

1 Quinoa waschen, abtropfen lassen und nach
Packungsanweisung in Salzwasser garen. Spargel
waschen, trocken tupfen und die Enden abschneiden. Walnusskerne grob hacken. Die Pilze putzen
und je nach Größe halbieren.

2 In einer Pfanne ohne Fett die Walnusskerne so
lange rösten, bis sie duften. Aus der Pfanne nehmen. 2 EL Öl in der heißen Pfanne erhitzen, Spargel
ca. 2 Min. darin unter vorsichtigem Wenden braten.

Sojasauce angießen. Den Spargel aus der Pfanne
nehmen. Pfanne auswischen und 1 EL Öl darin erhitzen. Die Pilze darin ca. 5 Min. braten, mit Salz
würzen. Aus der Pfanne nehmen.

3 Die Ananas schälen und den Strunk entfernen.
Das Fruchtfleisch in dünne Scheiben schneiden.
Basilikum waschen, trocken schütteln, Blättchen
abzupfen. Limette halbieren und auspressen. Vorbereitete Salatzutaten anrichten und mit dem übrigen Öl und Limettensaft beträufeln.

TIPP

Der Salat schmeckt besonders köstlich zu gegrilltem Lachs oder Thunfisch.

SPARGEL-TEMPURA MIT MAYONNAISE

1 Ei (L) | 150 ml Mineralwasser (mit Kohlensäure) | 1 EL Reiswein (Sake) | 100 g Mehl | Salz | je 500 g weißer und grüner Spargel | 6 EL Salatmayonnaise | 3 EL Joghurt | 1 Bio-Limette | Cayennepfeffer | 1 Bund Koriandergrün | 1 l Sonnenblumenöl zum Frittieren

Mit Knusperkruste

Für 4 Personen | 50 Min. Zubereitung
Pro Portion ca. 290 kcal, 9 g E, 16 g F, 26 KH

1 Das Ei, Mineralwasser, Wein, Mehl und ½ TL Salz zu einem glatten Teig verrühren. Zugedeckt kalt stellen und ca. 20 Min. quellen lassen.

2 Spargel waschen, trocken tupfen und die Enden abschneiden. Den weißen Spargel ganz, den grünen im unteren Drittel schälen. Geschälte Spargelstangen schräg halbieren.

3 Die Mayonnaise und den Joghurt verrühren. Die Limette heiß abwaschen, abtrocknen und die Schale fein abreiben. Frucht auspressen. Die Hälfte von Limettensaft und -schale unter die Mayonnaise rühren und mit Salz und Cayennepfeffer würzen. Koriander waschen, trocken schütteln, die Blättchen abzupfen, hacken und unterrühren. Mayonnaise kalt stellen.

4 Das Öl in einem hohen Topf auf 170° erhitzen (Holzstäbchen in das heiße Öl tauchen – wenn Blasen aufsteigen, ist die Temperatur richtig). Spargel portionsweise durch den Teig ziehen und im heißen Öl ca. 3 Min. goldbraun ausbacken. Auf Küchenpapier abtropfen lassen und sofort mit der Limettenmayonnaise servieren.

SPARGEL PRIMAVERA

Ein herzhaftes veganes Essen für die ganze Familie – mit weißem und grünem Spargel, gerösteten Haselnüssen, saftigen Tomaten und knackigem Baby-Spinat.

je 500 g weißer und grüner
Spargel (möglichst gleich dicke
Stangen)
100 g Haselnusskerne
1 Bio-Zitrone
1 Bund Frühlingszwiebeln
3 EL Olivenöl
Salz | Pfeffer
2 Knoblauchzehen
250 g Kirschtomaten (mit Rispen)
1 TL Aceto balsamico
1 Prise Zucker
100 g Baby-Spinat

Macht satt und zufrieden

Für 4 Personen |
50 Min. Zubereitung
Pro Portion ca. 340 kcal,
9 g E, 29 g F, 10 g KH

1 Den Spargel waschen, trocken tupfen und die Enden abschneiden. Den weißen Spargel ganz, den grünen nur im unteren Drittel schälen. Die Haselnüsse grob hacken. Zitrone heiß abwaschen, abtrocknen und die Schale fein abreiben. Frühlingszwiebeln putzen, waschen und schräg in Stücke schneiden.

2 Die Haselnüsse in einer beschichteten Pfanne so lange rösten, bis sie duften. Aus der Pfanne nehmen. 2 EL Öl in die heiße Pfanne geben, den Spargel darin anbraten, Deckel auflegen. Den Spargel in ca. 8 Min. bei mittlerer Hitze weich garen. Dabei ab und zu wenden. Spargel mit Salz und Pfeffer würzen. Knoblauchzehen schälen und in Scheiben schneiden. Knoblauch, Frühlingszwiebeln und Zitronenschale zum Spargel geben und ca. 3 Min. weiterbraten. Gemüse in eine große Auflaufform geben und warm stellen.

3 Tomaten mitsamt Rispen waschen und trocken tupfen. 1 EL Öl in einer zweiten Pfanne erhitzen und die Tomaten darin ca. 3 Min. braten. Mit Aceto balsamico ablöschen und mit Salz, Pfeffer und Zucker würzen. Den Spinat waschen und trocken schleudern. Harte Stiele entfernen. Die Tomaten zum Spargel geben. Spargel mit Salz und Pfeffer abschmecken, Spinat unterheben und mit gerösteten Haselnüssen anrichten.

TIPP Zu dem herzhaften Gemüse schmecken Röstkartoffeln ausgezeichnet. Dafür pro Person 250 g Kartoffeln (vorwiegend festkochend) mit Schale nicht zu weich kochen und auskühlen lassen. Dann die Kartoffeln schälen, halbieren oder vierteln und bei mittlerer Hitze in etwas Öl knusprig braten. Dabei mit Salz würzen. Nicht zu häufig wenden, sonst kann sich keine Kruste bilden und die Kartoffeln lösen sich nicht vom Pfannenboden.

GRAUPEN-SPARGEL-RISOTTO

1 Zwiebel | 1 Knoblauchzehe | 500 g grüner Spargel | 6 EL Olivenöl | Salz | 250 g Perlgraupen | 200 ml trockener Weißwein | 800 ml heiße Gemüsebrühe | 75 g Parmesan | 100 g Mascarpone | 4 Zweige Salbei | Pfeffer | Zitronensaft

Klassiker neu interpretiert

Für 4 Personen | 1 Std. Zubereitung
Pro Portion ca. 605 kcal, 16 g E, 33 g F, 48 g KH

1 Zwiebel und Knoblauch schälen. Die Zwiebel würfeln, den Knoblauch fein hacken. Spargel waschen, trocken tupfen und die Enden abschneiden. Die Spargelstangen im unteren Drittel schälen und schräg in Stücke schneiden.

2 In einer großen Pfanne 2 EL Öl erhitzen, den Spargel darin 3–4 Min. mit aufgelegtem Deckel braten, salzen und aus der Pfanne nehmen.

3 1 EL Öl in die heiße Pfanne geben. Zwiebel und Knoblauch darin andünsten. Graupen zugeben und kurz mitbraten, salzen. Den Wein unter Rühren angießen. Heiße Brühe portionsweise nach und nach unterrühren. Risotto ca. 30 Min. garen. Spargel unterheben und weitere. 5 Min. garen.

4 Parmesan fein reiben, vorsichtig unterrühren und schmelzen lassen. Mascarpone teelöffelweise locker unterheben. Salbei waschen und trocken schütteln. 3 EL Öl erhitzen und die Salbeizweige darin ca. 15 Sek. frittieren, auf Küchenpapier abtropfen lassen. Risotto mit Salz, Pfeffer und Zitronensaft abschmecken und mit frittiertem Salbei und Salbeiöl anrichten.

SPAGHETTI MIT SPARGEL-ZIEGENKÄSE-SAUCE

750 g grüner Spargel | 1 Knoblauchzehe | 400 g Vollkorn-Spaghetti | 3 EL Olivenöl | Salz | Pfeffer | 200 g Ziegenfrischkäse | 200 g Crème fraîche (mit Kräutern) | 250 ml Gemüsefond | 1 TL Zitronensaft | 1 Prise Zucker | 100 g Baby-Spinat

Würzig

Für 4 Personen | 40 Min. Zubereitung
Pro Portion ca. 780 kcal, 28 g E, 42 g F, 70 g KH

1 Spargel waschen, trocken tupfen und die Enden abschneiden. Die Spargelstangen im unteren Drittel schälen und schräg in Stücke schneiden. Knoblauch schälen und hacken. Spaghetti in Salzwasser nach Packungsanweisung garen.

2 Öl in einer großen Pfanne erhitzen und den Spargel darin anbraten, Deckel auflegen und das Gemüse ca. 8 Min. weiterbraten. Mit Salz und Pfeffer würzen. Frischkäse, Crème fraîche und Fond verrühren und zum Spargel geben. Ca. 3 Min. offen köcheln lassen und mit Salz, Pfeffer, Zitronensaft und Zucker abschmecken.

3 Den Spinat waschen und trocken schleudern. Harte Stiele entfernen. Nudeln abgießen und mit der Sauce und dem Spinat anrichten.

TIPP

Vollkornnudeln haben einen herzhaften Geschmack und sind angenehm kräftig im Biss – deshalb passen sie sehr gut zu dieser deftigen Sauce mit Ziegenkäse. Aber natürlich können Sie auch Ihre Lieblingsnudelsorte für das Rezept verwenden.

SPARGEL-FRITTATA MIT SÜSSKARTOFFELN

Da bleibt garantiert kein Stückchen übrig! Knusprige Rosmarin-Kartoffeln und aromatischer Spargel werden sanft in einer Mischung aus Sahne, Ei und Parmesan gebacken.

2 Süßkartoffeln (ca. 750 g)
2 kleine Zweige Rosmarin
3 EL Olivenöl
Salz | Pfeffer
500 g grüner Spargel
5 Eier (L)
100 g Sahne
frisch geriebene Muskatnuss
50 g Parmesan
Chiliflocken (nach Belieben)

Schmeckt warm und kalt

Für 4 Personen |
50 Min. Zubereitung
Pro Portion ca. 495 kcal,
19 g E, 28 g F, 40 g KH

1 Die Süßkartoffeln schälen und in 1 × 1 cm große Würfel schneiden. Rosmarin waschen und trocken schütteln. Von 1 Zweig die Nadeln abzupfen und hacken. 3 EL Öl in einer beschichteten Pfanne (28 cm Ø) erhitzen. Die Süßkartoffelwürfel mit dem Rosmarinzweig und dem gehackten Rosmarin darin ca. 6–7 Min. unter Wenden bei mittlerer Hitze braten (Bild 1), salzen und pfeffern.

2 Spargel waschen und trocken tupfen. Die Enden abschneiden und das untere Drittel schälen. Spargelstangen in kleine Stücke schneiden und in wenig Salzwasser 2 Min. kochen. Abgießen und gut abtropfen lassen. Die Eier und die Sahne verquirlen und kräftig mit Salz, Pfeffer und Muskat würzen. Parmesan fein reiben. Käse und nach Belieben Chiliflocken unter die Eier rühren.

3 Die gekochten Spargelstücke zu den Süßkartoffeln in die Pfanne geben und kurz mitbraten (Bild 2). Rosmarinzweig entfernen. Die Eimasse gleichmäßig über Kartoffeln und Spargel verteilen (Bild 3), Deckel auflegen. Frittata bei schwacher Hitze ca. 20 Min. stocken lassen und servieren.

TIPP Dazu schmeckt Rucolasalat: 75 g Rucola putzen, waschen und trocken schleudern. Von ½ Bio-Zitrone die Schale abreiben, Saft auspressen. Saft und Schale mit Salz, Pfeffer, Zucker und 2 EL warmer Gemüsebrühe verrühren. 2 EL Öl unterschlagen. Rucola und Vinaigrette vermengen und auf die fertige Frittata geben.

SPARGEL DELUXE MIT FISCH

Für Kabeljau, Lachs und Garnelen ist das Stangengemüse die ideale Begleitung!
Das feine Spargelaroma unterstreicht den eleganten Fischgeschmack.
Ob asiatisch gewickelt in zartem Reispapier, klassisch italienisch auf einer
knusprigen Pizza oder gästefein im raffinierten Päckchen – Fisch und Spargel sind
das perfekte Team. Und durch die kurzen Garzeiten auch schnell gemacht.

MATJES-TARTAR MIT MANGO

Im Juni treffen sich Spargel und Matjes für kurze Zeit auf den Wochenmärkten. Deshalb hier ein schnelles Rezept für neugierige Fans: Danach mögen Sie auf jeden Fall beides – versprochen!

8 Matjesfilets
2 Frühlingszwiebeln
1 Mango
300 g grüner Spargel
1 Bio-Limette
2 EL Sweet-Chili-Sauce
1 EL Sojasauce
Salz
Cayennepfeffer
1 EL Sonnenblumenöl
½ Bund Dill

Matjes trifft Mango

Für 4 Personen |
35 Min. Zubereitung
Pro Portion ca. 465 kcal,
26 g E, 38 g F, 13 g KH

1 Die Matjesfilets in kleine Würfel schneiden. Die Frühlingszwiebeln putzen, waschen, trocken tupfen und ebenfalls klein würfeln. Die Mango schälen und das Fruchtfleisch vom Stein schneiden. Das Fruchtfleisch in kleine Würfel schneiden. Spargel waschen, trocken tupfen und die Enden abschneiden. Die Spargelstangen im unteren Drittel schälen. Die Limette heiß abwaschen, abtrocknen und die Schale fein abreiben. Die Frucht halbieren.

2 Den Spargel in kochendem Salzwasser 7–8 Min. garen. Spargel aus dem Wasser heben, abtropfen und auskühlen lassen. Limettensaft, Limettenschale, Sweet-Chili-Sauce und Sojasauce verrühren. Mit Salz und Cayennepfeffer würzen. Öl unterschlagen.

3 4 Spargelstangen längs halbieren und beiseitelegen. Übrige klein schneiden und mit Matjes, Frühlingszwiebeln, Mangowürfeln und Vinaigrette vorsichtig vermengen. Tartar ca. 15 Min. zugedeckt kalt stellen. Dill waschen, trocken schütteln und fein schneiden. Matjes-Tartar auf vier Teller verteilen, mit Spargelstangen und Dill garnieren und mit geröstetem Roggenbrot servieren.

TIPP Falls der Matjes etwas zu salzig sein sollte, einfach für 30 Min. in kaltes Wasser legen. Danach gut trocken tupfen und wie oben beschrieben weiterverarbeiten.

SOMMERROLLEN MIT GARNELEN UND SPARGEL

Lassen Sie sich einwickeln von diesen frischen asiatischen Röllchen. Oder noch besser: Wickeln Sie gemeinsam mit Familie oder Freunden. Da ist der Spaß garantiert!

300 g grüner Spargel
Salz
2 Frühlingszwiebeln
200 g gekochte Garnelen
(küchenfertig; ohne Kopf und Schwanz)
75 g Reisfadennudeln
5 Blätter Eisbergsalat
1 Bund Koriandergrün
½ Mango (150 g)
8 runde Reispapierblätter
(ca. 30 cm ∅)

Fingerfood vom Feinsten

Für 4 Personen |
60 Min. Zubereitung
Pro Portion ca. 215 kcal,
15 g E, 1 g F, 36 g KH

1 Spargel waschen, trocken tupfen, die Enden abschneiden. Die Spargelstangen im unteren Drittel schälen, dann in dünne Scheiben schneiden. Spargelscheiben in wenig kochendem Salzwasser ca. 1 Min. garen. Abgießen und abtropfen lassen.

2 Frühlingszwiebeln putzen, waschen und fein hacken. Garnelen waschen, trocken tupfen und grob hacken. Fadennudeln nach Packungsanweisung zubereiten. Abgießen und abtropfen lassen.

3 Den Eisbergsalat putzen, waschen, gut trocken tupfen und in sehr dünne Streifen schneiden (Bild 1). Koriander waschen, trocken schütteln, Blättchen abzupfen und hacken. Die Mango schälen, das Fruchtfleisch vom Stein schneiden und sehr fein würfeln. Vorbereitete Zutaten gut vermengen.

4 Die Reispapierblätter kurz in warmem Wasser einweichen. Dann einzeln auf ein sauberes, angefeuchtetes Geschirrtuch legen und die Füllung darauf verteilen. Dabei einen ca. 2 cm breiten Rand frei lassen (Bild 2). Die Reisblätter seitlich 2 cm über die Füllung schlagen, dann von unten nach oben möglichst eng aufrollen (Bild 3). Dazu schmecken Soja- und Sweet-Chili-Sauce.

LACHS-SPARGEL-PIZZA

Hier kommt Soul Food für Fischliebhaber! Raffinierte Pizza mit Tomatensugo, Parmesan-creme, frischem Lachs und natürlich … aromatischem Spargel.

500 g Weizenmehl (Type 550)
1 Würfel frische Hefe
500 g weißer Spargel
Salz
4 EL Olivenöl
400 g passierte Tomaten
2 Knoblauchzehen
Pfeffer
250 g Mozzarella
300 g Lachsfilet (ohne Haut)
75 g Parmesan
2 EL Kapern (Kapern)
6 Zweige Zitronenthymian

Pizza Deluxe

Für 4 Personen |
50 Min. Zubereitung |
45 Min. Gehen |
Pro Portion ca. 925 kcal,
49 g E, 39 g F, 93 g KH

1 Das Mehl in eine Schüssel geben und eine Mulde hineindrü-cken. 300 ml Wasser erwärmen. Zerbröckelte Hefe und 4 EL lau-warmes Wasser in die Mulde geben. Zu einem Vorteig verrühren und zugedeckt ca. 20 Min. an einem warmen Ort gehen lassen.

2 Den Spargel waschen, trocken tupfen und die Enden ab-schneiden. Die Spargelstangen in wenig kochendem Salzwasser ca. 3 Min. garen. Abgießen und abtropfen lassen. Abgekühlte Stangen längs in Streifen schneiden. Übriges lauwarmes Wasser, 1 TL Salz und 3 EL Öl zum Mehl geben und alles zu einem glatten Teig verkneten. Zugedeckt ca. 45 Min. gehen lassen.

3 Die passierten Tomaten und 1 EL Öl verrühren. Knoblauch schälen, dazupressen und unterrühren. Mit Salz und Pfeffer wür-zen. Den Mozzarella abtropfen lassen und in Scheiben schnei-den. Fischfilet waschen, trocken tupfen und schräg in dünne Scheiben schneiden. Parmesan fein reiben.

4 Den Backofen auf 220° vorheizen. Den Teig noch einmal durchkneten und auf einem gefetteten Backblech ausrollen. Mit passierten Tomaten dünn bestreichen. Parmesan und Mozzarella darauf verteilen, mit Lachs und Spargel belegen und mit Salz und Pfeffer würzen. Zum Schluss Kapern und Zitronenthymian auf der Pizza verteilen. Pizza im heißen Ofen (Mitte) 20–25 Min. backen.

SPARGEL-SUSHI-BOWL

250 g Sushi-Reis | 3 EL Sesamsamen (unge-schält) | 3 EL Reisessig | 1 EL Zucker | ½ TL Salz | 4 Eier | 4 EL helle Sojasauce | 2 EL Sonnenblumenöl | 400 g Thai-Spargel (ersatzweise längs halbierte grüne Spargelstangen) | 300 g rohe Garnelen (küchenfertig; ohne Kopf und Schwanz) | Salz | 2 Frühlingszwiebeln

Für Sushi-Fans

Für 4 Personen | 50 Min. Zubereitung
Pro Portion ca. 510 kcal, 29 g E, 18 g F, 58 g KH

1 Reis waschen und mit 500 ml Wasser zum Kochen bringen. 15–20 Min. bei schwacher Hitze quellen lassen. Gelegentlich umrühren.

2 Sesamsamen ohne Fett rösten, bis sie duften, beiseitestellen. Essig, Zucker und Salz unter Rühren in der Pfanne erwärmen und unter den fertigen Reis rühren. Den Reis in eine leicht geölte Form (ca. 20 × 20 cm) füllen und glatt streichen. Sesamsamen darauf verteilen. Abkühlen lassen.

3 Die Eier und 2 EL Sojasauce verquirlen. 1 EL Öl in einer beschichteten Pfanne erhitzen. Die Eier hineingeben und bei schwacher Hitze stocken lassen. Spargel waschen, trocken tupfen und die Enden abschneiden. Spargelstangen in kochendem Salzwasser 2 Min. garen. Abgießen und abtropfen lassen. Garnelen waschen, trocken tupfen und in 1 EL heißem Öl ca. 2 Min. braten. Salzen. Omelette wenden und aus der Pfanne nehmen.

4 Frühlingszwiebeln putzen, waschen und in Ringe schneiden. Reis würfeln und auf vier Bowls verteilen. Omelette in Streifen schneiden und mit Spargel, Garnelen und Frühlingszwiebeln auf dem Reis anrichten. Mit übriger Sojasauce beträufeln.

SPARGEL-KABELJAU-SPIESSE

10 Stangen grüner Spargel | Salz | ¼ Ananas | 500 g Kabeljaufilet | 1 Knoblauchzehe | 1 Stück Ingwer (2 cm lang) | 5 EL Sonnenblumenöl | 2 EL Sweet-Chili-Sauce | 3 EL Reisessig | 2 EL Sojasauce | 5 EL Gemüsefond (ersatzweise Gemüsebrühe) | 8 Schaschlikspieße

Fruchtig und fein

Für 4 Personen | 40 Min. Zubereitung
Pro Portion ca. 250 kcal, 23 g E, 13 g F, 10 g KH

1 Den Spargel waschen, trocken tupfen und die Enden abschneiden. Die Spargelstangen im unteren Drittel schälen und schräg in Stücke schneiden. Spargelstücke in wenig Salzwasser ca. 3 Min. garen. Abgießen und abtropfen lassen.

2 Die Ananas schälen, den Strunk entfernen und das Fruchtfleisch in 16 Stücke schneiden. Fisch-filets waschen, trocken tupfen und in 16 Würfel schneiden. Fisch, Ananas und Spargel jeweils abwechselnd auf die Spieße stecken.

3 Knoblauch schälen und sehr fein hacken. Ingwer schälen und fein reiben oder hacken. 2 EL Öl in einem kleinen Topf erhitzen. Ingwer und Knoblauch darin andünsten. Sweet-Chili-Sauce, Reisessig, Sojasauce und Fond verrühren und dazugießen. Aufkochen und vom Herd nehmen.

4 3 EL Öl in einer Pfanne erhitzen und die Spieße darin auf jeder Seite ca. 1 Min. braten. Mit Salz würzen. Fertige Spieße dünn mit der Marinade bestreichen, kurz auf der ausgeschalteten Herdplatte ziehen lassen und aus der Pfanne nehmen. Die Spieße mit der Chilisauce anrichten.

SPARGELPÄCKCHEN MIT ROTBARBE

Haben Sie mal wieder Lust auf Komplimente? Mit diesen leckeren Fisch-Päckchen ist Ihnen der Applaus Ihrer Gäste gewiss. Und das Beste: Sie machen nicht viel Arbeit!

je 10 weiße und grüne Spargelstangen
Salz
4 Knoblauchzehen
2 Frühlingszwiebeln
12 Kirschtomaten
1 Bio-Zitrone
4 EL Olivenöl
5 EL trockener Weißwein
1 EL Zitronensaft
Pfeffer
8 Rotbarbenfilets (frisch oder TK, ca. 750 g, ersatzweise Doradenfilets)
2 EL weiche Butter
Küchengarn

Lecker und kalorienarm

Für 4 Personen |
50 Min. Zubereitung
Pro Portion ca. 330 kcal,
36 g E, 17 g F, 4 g KH

1 Weißen und grünen Spargel waschen, trocken tupfen und die Enden abschneiden. Weiße Stangen ganz, grüne nur im unteren Drittel schälen. Weißen Spargel in kochendem Salzwasser ca. 3 Min. garen. Dann grünen Spargel zugeben und weitere ca. 4 Min. garen. Abgießen, dabei 4 EL Fond auffangen. Spargel gut abtropfen lassen. Backofen auf 200° vorheizen.

2 Knoblauchzehen längs halbieren. Frühlingszwiebeln putzen, waschen und schräg in dünne Ringe schneiden. Tomaten waschen, trocken tupfen und halbieren. Zitrone heiß waschen, abtrocknen und in dünne Scheiben schneiden. Je 5 Spargelstangen auf ein Stück Backpapier (38 × 42 cm) geben. Tomaten, Knoblauch, Frühlingszwiebeln und Zitronenscheiben darauf verteilen und das Backpapier zu einem nach oben geöffneten Schiffchen formen. Dazu die Enden mit Küchengarn schließen.

3 Olivenöl, 4 EL Spargelfond, Wein und Zitronensaft verrühren, mit Salz und Pfeffer würzen. Aufkochen. Den Würzsud auf die Spargelschiffchen verteilen. Fischfilets waschen, trocken tupfen und mit Salz und Pfeffer würzen. Je 2 Filets auf den Spargel setzen und mit Butterflöckchen belegen. Das Backpapier über den Fisch falten, sodass Päckchen entstehen. Diese auf ein Backblech setzen und im heißen Ofen (Mitte) 12–15 Min. garen

4 Fertige Spargelpäckchen öffnen (Vorsicht, heißer Dampf!) und sofort servieren. Dazu schmeckt zum Beispiel Kartoffelgratin, Süßkartoffelpuree oder eine Wildreismischung.

SPARGEL-FRITTERS MIT MINZ-JOGHURT

500 g weißer Spargel | 5 EL Sonnenblumenöl |
250 g gekochte Garnelen (küchenfertig; ohne
Kopf und Schwanz) | 5 Stängel glatte Petersilie |
1 Knoblauchzehe | ½ Bio-Zitrone | Salz | Pfeffer |
2 Eier | 6 EL gemahlene Mandeln | ½ TL Back-
pulver | 500 g Joghurt | 5 Stängel Minze

Am besten lauwarm

Für 4 Personen | 60 Min. Zubereitung
Pro Portion ca. 455 kcal, 28 g E, 34 g F, 8 g KH

1 Den Spargel waschen und trocken tupfen, die
Enden abschneiden. Die Spargelstangen schälen
und in kleine Stücke schneiden. 1 EL Öl in einer
Pfanne erhitzen und die Spargelstücke darin in
5 Min. bissfest braten. Garnelen waschen, trocken
tupfen und grob hacken. Petersilie waschen, trocken schütteln, Blättchen abzupfen. Knoblauch
schälen und fein hacken.

2 Die Zitrone heiß abwaschen und abtrocknen.
Die Schale abreiben und den Saft auspressen. Den
Spargel mit gehackten Garnelen, Knoblauch und
Petersilie vermengen. Mit Salz, Pfeffer, Zitronensaft
und -schale würzen.

3 Die Eier verquirlen. Mandeln und Backpulver
mischen, zugeben und mit den Eiern zu einem
glatten Teig verrühren. Mit Salz und Pfeffer würzen.
Die Spargel-Garnelen-Masse dazugeben und sorgfältig unterrühren. Das Öl portionsweise in einer
beschichteten Pfanne erhitzen und aus je 2 EL Teig
bei mittlerer Hitze nacheinander 12 Plätzchen backen. Fertige Plätzchen warm stellen.

4 Joghurt mit Salz und Pfeffer verrühren. Minze
waschen, trocken schütteln, fein hacken und unterrühren. Fritters mit Minz-Joghurt anrichten. Dazu
schmecken Korianderreis und Salat.

SPARGEL-MAKKARONI ZU ZANDER

750 g grüner Spargel | 300 g kurze Makkaroni | Salz | 4 Zanderfilets (à ca. 160 g) | 5 Zweige Zitronenthymian | 5 Stängel glatte Petersilie | 100 g weiche Butter | 4 EL Semmelbrösel | Pfeffer | 1 Knoblauchzehe | 250 g Kirschtomaten | ½ TL Zucker | 1 EL Aceto balsamico

Aromatisch mediterran

Für 4 Personen | 50 Min. Zubereitung
Pro Portion ca. 705 kcal, 45 g E, 24 g F, 75 g KH

1 Backofen auf 200° vorheizen. Den Spargel waschen, trocken tupfen und die Enden abschneiden. Die Spargelstangen im unteren Drittel schälen.

2 Die Makkaroni in kochendem Salzwasser nach Packungsanweisung garen. In ein Nudelsieb abgießen und abtropfen lassen. Die Fischfilets waschen und mit Küchenpapier trocken tupfen.

3 Für die Kräuterkruste Kräuter waschen, trocken schütteln und fein hacken. 60 g Butter mit Semmelbröseln und Kräutern verkneten. Mit Salz und Pfeffer würzen. Fischfilets salzen und pfeffern und die Kräutermasse auf den Fischfilets verteilen. Fisch in eine gefettete ofenfeste Form geben und im heißen Ofen ca. 12 Min. garen.

4 Die Spargelstangen in kochendem Salzwasser in 7–8 Min. garen, abgießen. Knoblauch schälen und hacken. Tomaten waschen und halbieren.

5 Übrige Butter in einer großen Pfanne erhitzen, Knoblauch darin andünsten. Tomaten zugeben und 3 Min. schmoren. Tomaten mit Salz, Pfeffer, Zucker und Essig würzen. Makkaroni zugeben und untermischen. Tomatennudeln mit Salz und Pfeffer abschmecken. Mit Spargel und Fischfilets anrichten.

SPARGEL FÜR FLEISCHLIEBHABER

Mit zartem Fleisch und Geflügel wird Spargel zum Festessen! Hier ist für jeden Geschmack und jede Gelegenheit das Passende dabei. Ob die klassischen Kalbsröllchen mit Spargelfüllung für Schwiegermama, der herzhafte Weißwurstsalat für die Herrenrunde, die orientalisch gewürzte Ente für die Freunde oder die knusprigen Blätterteigschnecken mit Schinken für die Geburtstagsfeier.

WEISSWURSTSALAT MIT SPARGEL

Das feine Stangengemüse kann auch ganz anders – nämlich richtig zünftig mit Weißwurst, Spätzle und Senfsauce. Probieren Sie mal!

150 g Spätzlenudeln (getrocknet)
Salz
250 g Weißwürste
500 g grüner Spargel
1 Zwiebel
3 EL Apfelessig
5 EL warme Gemüsebrühe
1 EL süßer Senf
1 TL mittelscharfer Senf
Pfeffer
5 EL Sonnenblumenöl
1 Bund Schnittlauch
1 Bund Radieschen

Bayern lässt grüßen

Für 4 Personen |
40 Min. Zubereitung
Pro Portion ca. 460 kcal,
15 g E, 29 g F, 34 g KH

1 Die Spätzle in reichlich kochendem Salzwasser nach Packungsanweisung garen. Abgießen. Wasser in einem Topf aufkochen und vom Herd ziehen. Weißwürste darin ca. 7 Min. erhitzen. Spargel waschen, trocken tupfen und die Enden abschneiden. Die Spargelstangen im unteren Drittel schälen und schräg in Stücke schneiden.

2 Die Zwiebel schälen und fein würfeln. Mit Essig, Brühe und Senf glatt verrühren. Mit Salz und Pfeffer würzen, das Öl unterschlagen. Spätzle abgießen und abtropfen lassen. Weißwürste aus dem Wasser nehmen, abkühlen lassen, häuten und in dünne Scheiben schneiden. Vinaigrette, Spätzle und Wurstscheiben vorsichtig miteinander verrühren.

3 Spargel in wenig kochendem Salzwasser 4–5 Min. garen. Abgießen und abtropfen lassen. Schnittlauch waschen, trocken tupfen und in Röllchen schneiden. Radieschen waschen, putzen und in Spalten schneiden. Spargel, Schnittlauch und Radieschen zum Salat geben und vorsichtig unterheben. Salat ca. 10 Min. ziehen lassen. Mit Salz und Pfeffer abschmecken und servieren.

TIPP Weißwürste sind eine typisch bayerische Spezialität aus Kalbfleisch und sehr lecker! Als Alternative schmecken kleine Nürnberger Rostbratwürstchen. Dazu die Würstchen in etwas Öl bei mittlerer Hitze goldbraun braten, schräg in Stücke oder in dünne Scheiben schneiden und mit der Vinaigrette und den Spätzle vermengen.

ASIATISCHER GLASNUDELSALAT

Den können Sie sogar noch schnell nach Feierabend machen – von den Glasnudeln bis zum Hackfleisch ist hier alles ganz fix gegart – so macht Kochen Spaß!

100 g Glasnudeln
500 g grüner Spargel
Salz
1 rote Paprika
3 Frühlingszwiebeln
400 g Rinderhackfleisch
4 EL Sonnenblumenöl
Cayennepfeffer
1 Bund Koriandergrün
1 Bio-Limette
1 TL geröstetes Sesamöl

Exotisch

Für 4 Personen |
35 Min. Zubereitung
Pro Portion ca. 430 kcal,
24 g E, 26 g F, 25 g KH

1 Glasnudeln nach Packungsanweisung garen. Abgießen und abtropfen lassen. Spargel waschen, trocken tupfen und die Enden abschneiden. Die Spargelstangen im unteren Drittel schälen und schräg in Stücke schneiden. Salzwasser zum Kochen bringen und die Spargelstücke darin in 6–7 Min. bissfest kochen. Abgießen und abtropfen lassen.

2 Die Paprika halbieren, weiße Trennwände und Kerne entfernen, die Hälften waschen und in schmale Streifen schneiden. Frühlingszwiebeln putzen, waschen und schräg in dünne Ringe schneiden. Hackfleisch in 2 EL heißem Öl krümelig braten. Mit je einer Prise Salz und Cayennepfeffer würzen und vom Herd nehmen.

3 Koriander waschen, trocken schütteln und fein hacken. Limette heiß waschen, abtrocknen und die Schale dünn abreiben. Frucht halbieren und auspressen. Limettensaft und -schale, 2 EL warmes Wasser, Salz und Cayennepfeffer verrühren. 2 EL Sonnenblumenöl und Sesamöl unterschlagen.

4 Nudeln, Vinaigrette, Spargel, Frühlingszwiebeln, Hackfleisch und Paprikastreifen locker vermengen. Mit Salz und Cayennepfeffer abschmecken. Salat mit Koriander bestreuen.

TIPP Glasnudelsalat ist ein Klassiker auf den Speisekarten asiatischer Restaurants! Glasnudeln werden aus Reis hergestellt und sind nach dem Kochen fast durchsichtig. Asiatische Weizennudeln sind für diesen Salat eine schöne Alternative und auch in jedem gut sortierten Supermarkt zu finden.

SPARGEL-CURRY-SUPPE MIT HACKBÄLLCHEN

1 kg weißer Spargel | 2 mehlig kochende Kartoffeln (200 g) | 1 Zwiebel | 4 EL Rapsöl | Salz |
1 EL mildes Currypulver | 900 ml Gemüsebrühe
(Instant) | 250 g Schlagsahne | 400 g Rinderhackfleisch | 2 EL Semmelbrösel | Pfeffer |
½ TL Zucker | 1 EL Zitronensaft

Gut vorzubereiten

Für 4 Personen | 45 Min. Zubereitung
Pro Portion ca. 600 kcal, 27 g E, 44 g F, 20 g KH

1 Spargel waschen, trocken tupfen und die Enden abschneiden. Die Spargelstangen schälen und in Stücke schneiden. Spargelköpfe beiseitelegen. Kartoffeln waschen, schälen und in kleine Würfel schneiden. Zwiebel schälen und fein würfeln.

2 2 EL Öl in einem Topf erhitzen und die Zwiebelwürfel darin andünsten. Kartoffelwürfel und Spargelstücke zugeben und kurz mitbraten. Mit Salz und Currypulver würzen. Brühe und Sahne angießen und zugedeckt ca. 20 Min. köcheln lassen.

3 Hackfleisch mit Semmelbröseln mischen und mit Salz und Pfeffer würzen. Den Teig mit angefeuchteten Händen zu Bällchen formen. 1 EL Öl in einer heißen Pfanne erhitzen und die Hackbällchen darin rundherum goldbraun braten. Übriges Öl erhitzen und die Spargelspitzen darin ca. 2 Min. bissfest dünsten. Mit Salz würzen.

4 Suppe fein pürieren und mit Salz, Pfeffer, Zucker und Zitronensaft abschmecken. Suppe mit Hackbällchen und Spargelspitzen anrichten.

ASIATISCHE NUDELSUPPE MIT RINDFLEISCH

800 g Tafelspitz | Salz | 1 Stange Zitronengras |
1 Sternanis | 100 g asiatische Weizennudeln |
1 TL geröstetes Sesamöl | 1 EL Sonnenblumenöl |
500 g grüner Spargel | 200 g Zuckerschoten |
100 g Mungbohnensprossen | 1 Bund Koriander-
grün | Pfeffer | Sojasauce

Für Suppenfans

Für 4 Personen | 30 Min. Zubereitung |
2 Std. Kochen
Pro Portion ca. 540 kcal, 45 g E, 30 g F, 24 KH

1 Tafelspitz in einen Topf geben, mit leicht gesal-
zenem Wasser bedecken. Zitronengras längs halbieren. Sternanis und Zitronengras zugeben und
ca. 2 Std. köcheln lassen. Dabei gelegentlich ab-
schäumen. Nudeln nach Packungsanweisung garen. Abgießen, abtropfen lassen und mit den bei-
den Ölen mischen.

2 Spargel waschen, trocken tupfen und die Enden
abschneiden. Die Spargelstangen im unteren Drittel schälen und schräg in Stücke schneiden. Zu-
ckerschoten waschen und schräg halbieren.

3 Fleisch und Gewürze aus der Brühe nehmen.
Die Brühe durch ein feines Sieb in einen Topf gießen und zum Kochen bringen. Die Spargelstücke
zugeben und ca. 5 Min. darin kochen. Zuckerscho-
ten zugeben und 1 weitere Min. kochen.

4 Sprossen verlesen und waschen. Koriander wa-
schen und trocken schütteln. Fleisch in dünne
Scheiben schneiden. Suppe mit Salz, Pfeffer und
Sojasauce abschmecken und mit Fleisch, Nudeln,
Sprossen und Koriander anrichten.

BLÄTTERTEIGSCHNECKEN MIT SPARGEL

Zu einem schönen Glas Weißwein oder auf dem Party-Buffet sind diese knusprigen kleinen Happen einfach perfekt – und schnell gemacht sind sie auch!

1 Pck. TK-Blätterteig (450 g;
6 Scheiben)
8 Stangen grüner Spargel
Salz
150 g Doppelrahmfrischkäse mit
Kräutern
2 Eier (L)
50 g Parmesan
Cayennepfeffer
6 dünne Scheiben Kochschinken
Mehl zum Arbeiten

Schmeckt warm und kalt

Für 36 Stücke |
30 Min. Zubereitung |
50 Min. Backen
Pro Portion ca. 680 kcal,
27 g E, 46 g F, 39 g KH

1 Die Blätterteigscheiben nebeneinander auf eine bemehlte Arbeitsfläche legen und auftauen lassen. Spargel waschen, trocken tupfen und die Enden abschneiden. Die Spargelstangen im unteren Drittel schälen und in kochendem Salzwasser ca. 5 Min. garen. Die Spargelstangen aus dem Wasser nehmen, abtropfen und abkühlen lassen. Backofen auf 200° vorheizen.

2 Den Frischkäse mit den Eiern glatt verquirlen. Parmesan fein reiben und unterrühren. Die Frischkäsemasse mit Salz und Cayennepfeffer würzen. Spargelstangen längs vierteln und in kleine Würfel schneiden.

3 Die Blätterteigplatten mit der Frischkäsemasse bestreichen und mit je einer Scheibe Schinken belegen. Etwas Frischkäsemasse auf dem Schinken verstreichen und die Spargelwürfel gleichmäßig darauf verteilen. Teigränder dünn mit Wasser bepinseln. Die Teigplatten von der kurzen Seite her fest aufrollen.

4 Die Teigrollen quer in 6 Schnecken schneiden und auf ein mit Backpapier belegtes Backblech legen. Schnecken mit der übrigen Käsemasse beträufeln. Im heißen Ofen (Mitte) in 20–25 Min. goldbraun backen. Aus dem Ofen nehmen und abkühlen lassen.

COLE SLAW MIT SPARGEL ZU SPARERIBS

1,5 kg Spareribs | 500 g grüner Spargel | 1 mittelgroßer Spitzkohl | Salz | Zucker | 3 EL Weißweinessig | 2 EL Mayonnaise | 3 EL Joghurt | 6 EL Ketchup | 100 ml Barbecuesauce | 1 Stück Ingwer (2 cm lang) | 3 EL Olivenöl | Pfeffer

Super Party-Food

Für 4 Personen | 35 Min. Zubereitung |
30 Min. Kochen | 35 Min. Braten
Pro Portion ca. 875 kcal, 43 g E, 67 g F, 21 g KH

1 Spareribs waschen, trocken tupfen und in Stücke von 5–6 Rippchen schneiden. In reichlich Wasser ca. 30 Min. köcheln. Spargel waschen, trocken tupfen und die Enden abschneiden. Spargelstangen im unteren Drittel schälen.

2 Von den Spargelstangen die Köpfchen abschneiden und beiseitelegen. Die Stangen quer halbieren, dann längs in sehr dünne Streifen schneiden. Spitzkohl putzen, waschen und in dünne Streifen schneiden. Kohl und Spargel samt Köpfchen in einer Schüssel mit 1 TL Salz, etwas Zucker und Essig gründlich vermengen.

3 Mayonnaise und Joghurt glatt verrühren. Für die Würzsauce Ketchup und Barbecuesauce verrühren. Den Ingwer schälen und dazureiben. Das Öl unterrühren. Die Sauce mit Salz und Pfeffer würzen. Den Backofen auf 175° vorheizen.

4 Die Joghurtsauce unter den Salat heben. Die Rippchen abgießen, häuten, auf ein mit Backpapier belegtes Backblech legen und rundherum mit der Würzsauce bestreichen. Im heißen Ofen ca. 35 Min. braten. Dabei regelmäßig bestreichen. Salat mit Salz und Pfeffer abschmecken und mit den Rippchen anrichten.

ORIENTALISCHE ENTE ZU ORANGENSPARGEL

3 EL flüssiger Honig | 1 EL Ras el Hanout (Gewürzmischung) | Salz | 2 Entenbrüste (800 g) | 1 kg grüner Spargel | Pfeffer | 1 Bio-Orange | 1 Knoblauchzehe | 100 g Kirschtomaten | 3 Stängel Petersilie | 2 EL Olivenöl | 1 Prise Zucker

Festlich

Für 4 Personen | 50 Min. Zubereitung
Pro Portion ca. 505 kcal, 42 g E, 26 g F, 22 g KH

1 Ofen auf 200° vorheizen. Honig, Ras el Hanout und ½ TL Salz verrühren. Entenbrüste waschen, trocken tupfen. Die Haut kreuzweise einschneiden. Auf der Hautseite kräftig anbraten. Die Fleischseite mit der Honigmischung einstreichen, wenden. Haut mit der übrigen Honigmischung bestreichen. Die Brüste aus der Pfanne nehmen und mit der Hautseite nach oben auf ein mit Backpapier belegtes Backblech legen. Im Ofen 20–25 Min. braten.

2 Den Spargel waschen, trocken tupfen und die Enden abschneiden. Spargelstangen im unteren Drittel schälen und in große Stücke schneiden. In kochendem Salzwasser ca. 5 Min. garen. Abgießen und abtropfen lassen.

3 Die Orange heiß abwaschen und abtrocknen. Die Schale in dünnen Streifen abziehen. Orange auspressen. Knoblauch schälen und in Scheiben schneiden. Tomaten waschen und halbieren. Petersilie waschen, trocken schütteln und grob hacken.

4 Den Knoblauch im heißen Öl andünsten. Spargelstücke zugeben und mitbraten. Tomaten, Orangenschale und -saft zugeben. Alles mit Salz, Pfeffer und Zucker würzen und einmal aufkochen lassen. Zuletzt die Petersilie darüberstreuen. Das Fleisch in Scheiben schneiden und mit dem Gemüse anrichten. Dazu schmeckt Basmatireis.

SPARGEL-COUSCOUS-SALAT MIT LAMM

Mit diesem wunderbar orientalisch gewürzten Salat kommt Sommerlaune auf! Auch toll zum Mitnehmen fürs Büro, als Picknick-Salat oder zum Grillen.

250 g Instant-Couscous
1 TL gemahlener Kreuzkümmel
Salz
350 ml Gemüsebrühe
500 g weißer Spargel
1 rote und 1 gelbe Paprika
6 EL Olivenöl
Pfeffer
12 Lammstielkoteletts
2 Knoblauchzehen
½ Zitrone
200 g Schafskäse (Feta)
3 Stängel Minze

Würzig und leicht

Für 4 Personen |
45 Min. Zubereitung
Pro Portion ca. 1125 kcal,
80 g E, 67 g F, 50 g KH

1 Den Couscous in eine Schüssel geben und mit Kreuzkümmel und ½ TL Salz mischen. Die Brühe aufkochen und darübergießen. Den Couscous ca. 5 Min. quellen lassen. Den Spargel waschen, trocken tupfen und die Enden abschneiden. Die Stangen schälen, schräg in Stücke schneiden und 3–4 Min. in kochendem Salzwasser garen. Abgießen und abtropfen lassen. Paprikas halbieren, weiße Trennwände und Kerne entfernen, die Hälften waschen und in kleine Stücke schneiden. Couscous mit einer Gabel auflockern.

2 In einer Pfanne 2 EL Öl erhitzen und die Paprikastücke darin ca. 8 Min. unter Wenden braten. Mit Salz und Pfeffer würzen und aus der Pfanne nehmen. Lammstielkoteletts waschen und trocken tupfen. Knoblauch schälen und in dünne Scheiben schneiden. 2 EL Öl in einer Pfanne erhitzen und die Koteletts darin von jeder Seite ca. 4 Min. braten. Knoblauch zugeben und kurz mitbraten. Mit Salz und Pfeffer würzen. Zitrone auspressen.

3 Couscous, Paprika und Spargel in eine Schüssel geben. Mit Zitronensaft beträufeln, salzen und pfeffern. Salatzutaten locker vermengen. Feta zerbröckeln. Minze waschen, trocken schütteln, Blättchen abzupfen und in Streifen schneiden. Salat mit 2 EL Öl beträufeln. Feta und Minze darüberstreuen. Salat und Lammstielkoteletts anrichten. Dazu schmeckt griechischer Joghurt.

TIPP   Cashews bringen Raffinesse: 50 g Cashewkerne grob hacken und in einer Pfanne ohne Fett unter Wenden rösten, bis sie duften. Aus der Pfanne nehmen und auskühlen lassen. Dann über den fertigen Salat streuen.

KALBSRÖLLCHEN MIT SPARGELFÜLLUNG

Der Clou ist hier die Füllung! Spargelspitzen und würziger Schinken werden in dünne Kalbsschnitzel gewickelt und in feiner Sahne-Weißwein-Sauce geschmort.

4 Kalbsschnitzel (à ca. 150 g)
4 dünne Scheiben Kochschinken
16 weiße Minispargelspitzen
2 Schalotten
Salz | Pfeffer
3 EL Rapsöl
100 ml trockener Weißwein
250 ml Kalbsfond
1 EL Speisestärke
150 g Sahne
2 TL Zitronensaft
kleine Holzspießchen

Raffiniert

Für 4 Personen |
1 Std. Zubereitung
Pro Portion ca. 430 kcal,
40 g E, 24 g F, 8 g KH

1 Schnitzel abspülen, trocken tupfen und quer halbieren. Schnitzel etwas flacher klopfen. Schinkenscheiben halbieren. Spargelspitzen waschen, trocken tupfen und die Enden dünn abschneiden. Schalotten schälen und in feine Würfel schneiden. Schnitzel mit Salz und Pfeffer würzen und mit je ½ Scheibe Kochschinken und 2 Spargelspitzen belegen (Bild 1). Schnitzel fest aufrollen und mit Holzspießchen feststecken (Bild 2).

2 Das Öl in einer Pfanne erhitzen und die Röllchen darin rundherum kräftig anbraten, mit Salz und Pfeffer würzen. Die Schalottenwürfel zugeben und kurz mitdünsten. Mit Wein und Fond ablöschen (Bild 3), Deckel auflegen. Die Kalbsröllchen ca. 30 Min. schmoren lassen.

3 Stärke mit 3 EL kaltem Wasser glatt verrühren. Röllchen aus dem Schmorfond nehmen. Angerührte Stärke in die kochende Sauce rühren. Die Sahne angießen und die Sauce weitere ca. 5 Min. offen köcheln lassen. Sauce mit Salz, Pfeffer und Zitronensaft abschmecken. Röllchen wieder in die Sauce geben und darin erwärmen. Dazu schmecken dünne Bandnudeln.

SPARGEL-HÄHNCHEN-RAGOUT MIT ESTRAGON

Hier gibt es das feine Stangengemüse mit zartem Hähnchenfilet in einer cremigen Kräutersauce. Sie werden sehen: Das Ragout hat das Zeug zu Ihrem neuen Lieblingsessen!

750 g weißer Spargel
Salz
600 g Hähnchenfilet
1 Schalotte
3 EL Butterschmalz
2 EL Mehl
150 ml Milch
150 g Sahne
1 Bund Estragon
Pfeffer
1 Prise Zucker
2 TL Zitronensaft

Schmeckt der ganzen Familie

Für 4 Personen |
50 Min. Zubereitung
Pro Portion ca. 515 kcal,
39 g E, 34 g F, 13 g KH

1 Spargel waschen, trocken tupfen und die Enden abschneiden. Die Spargelstangen schälen und schräg in Stücke schneiden. In 750 ml kochendem Salzwasser ca. 5 Min. garen. Spargelfond und Spargel durch ein Sieb in einen Messbecher gießen und dabei 300 ml Spargelfond abmessen.

2 Fleisch waschen, trocken tupfen und in Würfel schneiden. Die Schalotte schälen und fein würfeln. 2 EL Schmalz in einer Pfanne erhitzen und die Hähnchenwürfel darin goldbraun braten. Dabei gelegentlich wenden. Mit Salz und Pfeffer würzen und aus der Pfanne nehmen. 1 EL Schmalz in der heißen Pfanne erhitzen und die Schalottenwürfel darin unter Wenden kurz anbraten. Mit Mehl bestäuben und kurz andünsten. Unter Rühren den abgemessenen Spargelfond, Milch und Sahne angießen. Aufkochen und ca. 5 Min. köcheln lassen.

3 Estragon waschen und trocken schütteln. Die Blättchen abzupfen und grob hacken. Estragon, Hähnchen und Spargel in die heiße Sauce geben und darin erhitzen. Das Ragout mit Salz, Pfeffer, Zucker und Zitronensaft abschmecken. Dazu schmecken Salzkartoffeln oder eine Wildreismischung.

TIPP   Anstelle von Estragon können Sie auch Petersilie und Thymian wunderbar für dieses Gericht verwenden.

REGISTER

Damit Sie Rezepte mit bestimmten Zutaten noch schneller finden, sind in diesem Register auch beliebte Zutaten wie **Garnelen** oder **Spinat** alphabetisch eingeordnet und hervorgehoben. Darunter finden Sie das Rezept Ihrer Wahl. Die vegetarischen Rezepte sind hier grün abgesetzt.

Projektleitung:
Dr. Maria Haumaier
Lektorat: Margarethe Brunner
Korrektorat: Ulrike Wagner, Plan W
Innen- und Umschlaggestaltung: independent Medien-Design, Horst Moser, München
Herstellung: Mendy Willerich
Satz: Kösel, Krugzell
Reproduktion: medienprinzen GmbH, München
Druck und Bindung: Schreckhase, Spangenberg
Syndication: www.seasons.agency
Printed in Germany

1. Auflage 2017

ISBN 978-3-8338-5937-3

Ein Unternehmen der
GANSKE VERLAGSGRUPPE

Die Autorin
Ira König ist freie Food-Journalistin, Kochbuchautorin und ein großer Gemüsefan. Besonders am Herzen liegen der Hamburgerin sorgfältig entwickelte Rezepte mit dem gewissen Etwas, die sich trotzdem in jeder Küche einfach umsetzen lassen.

Der Fotograf
Wolfgang Schardt hegt eine Leidenschaft für gutes Essen und hat ein Händchen dafür, jedes Gericht im besten Licht zu präsentieren. Zusammen mit **Roland Geiselmann** (Foodstyling) und **Janett Hesse** (Assistenz) setzte er das edle Frühlingsgemüse perfekt in Szene.

Bildnachweis
Autorenfoto: Antonia Rodriguez, Hamburg; alle anderen Fotos: Wolfgang Schardt

Titelrezept
Spargelpäckchen mit Rotbarbe (S. 38)

Umwelthinweis:
Dieses Buch ist auf PEFC-zertifiziertem Papier aus nachhaltiger Waldwirtschaft gedruckt.

www.facebook.com/gu.verlag

Liebe Leserin, lieber Leser,
haben wir Ihre Erwartungen erfüllt? Sind Sie mit diesem Buch zufrieden? Haben Sie weitere Fragen zu diesem Thema? Wir freuen uns auf Ihre Rückmeldung, auf Lob, Kritik und Anregungen, damit wir für Sie immer besser werden können.

GRÄFE UND UNZER Verlag
Leserservice
Postfach 86 03 13
81630 München
E-Mail:
leserservice@graefe-und-unzer.de

Telefon: 00800 / 72 37 33 33*
Telefax: 00800 / 50 12 05 44*
Mo–Do: 9.00 – 17.00 Uhr
Fr: 9.00 – 16.00 Uhr
(* gebührenfrei in D, A, CH)

Ihr GRÄFE UND UNZER Verlag
Der erste Ratgeberverlag – seit 1722.

Backofenhinweis:
Die Backzeiten können je nach Herd variieren. Die Temperaturangaben in unseren Rezepten beziehen sich auf das Backen im Elektroherd mit Ober- und Unterhitze und können bei Gasherden oder Backen mit Umluft abweichen. Details entnehmen Sie bitte Ihrer Gebrauchsanweisung.

Appetit auf mehr?

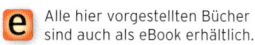

SPARGELZEIT IST ERDBEERZEIT

Die kleinen roten Früchtchen werden im Frühjahr genauso heiß erwartet wie die edlen Gemüsestangen. Sie sind das ideale Paar und geben Ihrem Spargelessen den perfekten süßen Abschluss.

ERDBEER-TIRAMISU MIT ORANGENLIKÖR

Für 1 Auflaufform (ca. 26 × 16 cm): 150 ml kalten Espresso und 3 EL Orangenlikör miteinander vermischen. 400 g Erdbeeren waschen, putzen und würfeln. 250 g Mascarpone, 250 g Quark und 75 g Zucker verrühren. 200 g Sahne steif schlagen und unterheben. Eine Auflaufform mit Löffelbiskuits auslegen, diese mit der Hälfte des Espressos beträufeln und mit der Hälfte der Creme bestreichen. Erdbeeren daraufgeben. Mit Biskuits belegen und mit übrigem Espresso beträufeln. Übrige Mascarponecreme darauf verstreichen. Abgedeckt 3 Std. kalt stellen. 100 g Mandeln hacken und ohne Fett anrösten. 300 g Erdbeeren waschen, putzen und in Scheiben schneiden. Fertiges Tiramisu mit Erdbeeren und Mandeln belegen.

JOGHURT-MOUSSE MIT ERDBEER-SALAT

Für 4 Portionen: 3 Blatt weiße Gelatine in kaltem Wasser einweichen. 350 g Joghurt (10 %), 1 TL abgeriebene Bio-Zitronenschale und 2 EL Agavendicksaft miteinander verrühren. Gelatine ausdrücken und in wenig heißem Wasser auflösen. 3 EL Joghurt und Gelatine verrühren. Gelatinemischung unter übrige Joghurtmasse rühren. Creme 3 Std. zugedeckt kalt stellen. 300 g Erdbeeren waschen, putzen und in Scheiben schneiden. 2 EL Zitronensaft und 1 EL Agavendicksaft verrühren und mit den Erdbeerscheiben vermengen. 3 Stängel Minze waschen, trocken schütteln und in feine Streifen schneiden. Zu den Erdbeeren geben. Nocken aus der Joghurt-Mousse stechen und mit dem Erdbeersalat anrichten.